中华人民共和国国务院令

第 734 号

《企业名称登记管理规定》已经 2020 年 12 月 14 日国务院第 118 次常务会议修订通过，现予公布，自 2021 年 3 月 1 日起施行。

总理　李克强

2020 年 12 月 28 日

企业名称登记管理规定

（1991年5月6日中华人民共和国国家工商行政管理局令第7号发布　根据2012年11月9日《国务院关于修改和废止部分行政法规的决定》第一次修订　2020年12月14日国务院第118次常务会议修订通过）

第一条　为了规范企业名称登记管理，保护企业的合法权益，维护社会经济秩序，优化营商环境，制定本规定。

第二条　县级以上人民政府市场监督管理部门（以下统称企业登记机关）负责中国境内设立企业的企业名称登记管理。

国务院市场监督管理部门主管全国企业名称登记管理工作，负责制定企业名称登记管理的具体规范。

省、自治区、直辖市人民政府市场监督管理部门负责建立本行政区域统一的企业名称申报系统和企业名称数据库，并向社会开放。

第三条　企业登记机关应当不断提升企业名称登记

企业名称登记管理规定

中国法制出版社

目　　录

中华人民共和国国务院令（第734号）……………（1）
企业名称登记管理规定………………………………（2）
司法部、市场监管总局负责人就修订后的
《企业名称登记管理规定》答记者问……………（8）

管理规范化、便利化水平，为企业和群众提供高效、便捷的服务。

第四条 企业只能登记一个企业名称，企业名称受法律保护。

第五条 企业名称应当使用规范汉字。民族自治地方的企业名称可以同时使用本民族自治地方通用的民族文字。

第六条 企业名称由行政区划名称、字号、行业或者经营特点、组织形式组成。跨省、自治区、直辖市经营的企业，其名称可以不含行政区划名称；跨行业综合经营的企业，其名称可以不含行业或者经营特点。

第七条 企业名称中的行政区划名称应当是企业所在地的县级以上地方行政区划名称。市辖区名称在企业名称中使用时应当同时冠以其所属的设区的市的行政区划名称。开发区、垦区等区域名称在企业名称中使用时应当与行政区划名称连用，不得单独使用。

第八条 企业名称中的字号应当由两个以上汉字组成。

县级以上地方行政区划名称、行业或者经营特点不得作为字号，另有含义的除外。

第九条 企业名称中的行业或者经营特点应当根据企业的主营业务和国民经济行业分类标准标明。国民经济行业分类标准中没有规定的，可以参照行业习惯或者专业文献等表述。

第十条　企业应当根据其组织结构或者责任形式，依法在企业名称中标明组织形式。

第十一条　企业名称不得有下列情形：

（一）损害国家尊严或者利益；

（二）损害社会公共利益或者妨碍社会公共秩序；

（三）使用或者变相使用政党、党政军机关、群团组织名称及其简称、特定称谓和部队番号；

（四）使用外国国家（地区）、国际组织名称及其通用简称、特定称谓；

（五）含有淫秽、色情、赌博、迷信、恐怖、暴力的内容；

（六）含有民族、种族、宗教、性别歧视的内容；

（七）违背公序良俗或者可能有其他不良影响；

（八）可能使公众受骗或者产生误解；

（九）法律、行政法规以及国家规定禁止的其他情形。

第十二条　企业名称冠以“中国”、“中华”、“中央”、“全国”、“国家”等字词，应当按照有关规定从严审核，并报国务院批准。国务院市场监督管理部门负责制定具体管理办法。

企业名称中间含有“中国”、“中华”、“全国”、“国家”等字词的，该字词应当是行业限定语。

使用外国投资者字号的外商独资或者控股的外商投资企业，企业名称中可以含有“（中国）”字样。

第十三条　企业分支机构名称应当冠以其所从属企业的名称，并缀以“分公司”、“分厂”、“分店”等字词。境外企业分支机构还应当在名称中标明该企业的国籍及责任形式。

第十四条　企业集团名称应当与控股企业名称的行政区划名称、字号、行业或者经营特点一致。控股企业可以在其名称的组织形式之前使用“集团”或者“（集团）”字样。

第十五条　有投资关系或者经过授权的企业，其名称中可以含有另一个企业的名称或者其他法人、非法人组织的名称。

第十六条　企业名称由申请人自主申报。

申请人可以通过企业名称申报系统或者在企业登记机关服务窗口提交有关信息和材料，对拟定的企业名称进行查询、比对和筛选，选取符合本规定要求的企业名称。

申请人提交的信息和材料应当真实、准确、完整，并承诺因其企业名称与他人企业名称近似侵犯他人合法权益的，依法承担法律责任。

第十七条　在同一企业登记机关，申请人拟定的企业名称中的字号不得与下列同行业或者不使用行业、经营特点表述的企业名称中的字号相同：

（一）已经登记或者在保留期内的企业名称，有投资关系的除外；

（二）已经注销或者变更登记未满 1 年的原企业名称，有投资关系或者受让企业名称的除外；

（三）被撤销设立登记或者被撤销变更登记未满 1 年的原企业名称，有投资关系的除外。

第十八条 企业登记机关对通过企业名称申报系统提交完成的企业名称予以保留，保留期为 2 个月。设立企业依法应当报经批准或者企业经营范围中有在登记前须经批准的项目的，保留期为 1 年。

申请人应当在保留期届满前办理企业登记。

第十九条 企业名称转让或者授权他人使用的，相关企业应当依法通过国家企业信用信息公示系统向社会公示。

第二十条 企业登记机关在办理企业登记时，发现企业名称不符合本规定的，不予登记并书面说明理由。

企业登记机关发现已经登记的企业名称不符合本规定的，应当及时纠正。其他单位或者个人认为已经登记的企业名称不符合本规定的，可以请求企业登记机关予以纠正。

第二十一条 企业认为其他企业名称侵犯本企业名称合法权益的，可以向人民法院起诉或者请求为涉嫌侵权企业办理登记的企业登记机关处理。

企业登记机关受理申请后，可以进行调解；调解不成的，企业登记机关应当自受理之日起3个月内作出行政裁决。

第二十二条 利用企业名称实施不正当竞争等行为的，依照有关法律、行政法规的规定处理。

第二十三条 使用企业名称应当遵守法律法规，诚实守信，不得损害他人合法权益。

人民法院或者企业登记机关依法认定企业名称应当停止使用的，企业应当自收到人民法院生效的法律文书或者企业登记机关的处理决定之日起30日内办理企业名称变更登记。名称变更前，由企业登记机关以统一社会信用代码代替其名称。企业逾期未办理变更登记的，企业登记机关将其列入经营异常名录；完成变更登记后，企业登记机关将其移出经营异常名录。

第二十四条 申请人登记或者使用企业名称违反本规定的，依照企业登记相关法律、行政法规的规定予以处罚。

企业登记机关对不符合本规定的企业名称予以登记，或者对符合本规定的企业名称不予登记的，对直接负责的主管人员和其他直接责任人员，依法给予行政处分。

第二十五条 农民专业合作社和个体工商户的名称登记管理，参照本规定执行。

第二十六条 本规定自2021年3月1日起施行。

司法部、市场监管总局负责人就修订后的《企业名称登记管理规定》答记者问

国务院日前公布修订后的《企业名称登记管理规定》，自2021年3月1日起施行。围绕规定中的有关问题，司法部、市场监管总局负责人回答了记者提问。

问：此次修订有什么背景？

答： 企业名称登记管理制度改革是优化营商环境的一项重要工作，有利于提高企业开办便利性、降低企业开办成本、更大激发市场活力。原国家工商行政管理局于1991年公布的《企业名称登记管理规定》，确立了以“预先核准”为核心的企业名称登记管理制度，对保护企业名称相关权利、维护市场秩序发挥了积极作用。

随着经济社会发展和近年来商事制度改革不断深化，现行《企业名称登记管理规定》已难以适应实际需要，主要体现在：

一是不符合国务院确定的取消企业名称预先核准、

赋予企业自主申报名称权的改革精神。在企业登记程序的前端设置专门的企业名称“预先核准”程序，造成企业登记环节多、耗时长。

二是企业起名难，由企业登记机关判断企业名称是否“近似”和能否使用的行政管控方式，造成企业名称资源日趋紧张，难以适应企业数量快速增长的需要。

三是相关制度不够完善，企业名称争议处理缺乏法律依据，事中事后监管机制不健全等。

此次修订充分尊重企业自主选择企业名称权利，进一步释放企业名称资源，进一步明确企业名称自主申报的行为规范。突出企业登记机关的服务职能，简化企业名称登记流程，降低企业开办成本。强化事中事后监管，维护企业合法权益和良好市场秩序。

问：在企业名称自主申报方面有哪些规定？

答：从“企业名称预先核准”到“企业名称自主申报”，根本变化是将企业名称登记管理方式由“事前审查”变为“事前明确规则和事中事后监管”。企业登记机关为申请人查询、选择名称提供服务，申请人自主选择企业名称，企业登记机关不再对企业名称是否与他人企业名称近似作审查判断。

首先，明确了企业登记机关的职责。国务院市场监督管理部门主管全国企业名称登记管理工作，省级人民政府市场监督管理部门负责建立本行政区域统一的企业名称申报系统和企业名称数据库并向社会开放，县级以上地方人民政府市场监督管理部门负责中国境内设立企业的企业名称登记管理。

其次，明确了企业名称自主申报的具体要求。申请人可以通过企业名称申报系统或者在企业登记机关服务窗口提交有关信息和材料，对拟定的企业名称进行查询、比对和筛选，选取符合规定的名称，企业登记机关对提交完成的企业名称予以保留。

再次，明确了申请人的义务。申请人应当承诺因其企业名称与其他企业名称近似侵犯他人合法权益的，依法承担法律责任。

问：在完善企业名称基本规范方面作了哪些规定？

答：一是完善了企业名称的基本要素和构成规范。

二是细化了企业名称的禁止性要求，包括不得损害国家尊严或者利益、损害社会公共利益或者妨碍社会公共秩序、违背公序良俗或者可能有其他不良影响、可能使公众受骗或者产生误解等。

三是明确了外商投资企业名称、企业分支机构名称、企业集团名称的有关规则。

此外，明确了企业名称不得有“国家规定禁止的其他情形”，即国务院有关主管部门可以对企业名称作出其他禁止性规定。企业登记机关和有关部门通过加强协作配合和信息共享，对违反规定的企业名称及时规范、纠正。

问：规定对企业名称争议处理和事中事后监管提出了哪些要求？

答：企业名称由预先核准改为自主申报后，在赋予企业更大自主权的同时，需要进一步发挥企业登记机关在处理企业名称争议方面的职能作用。

规定明确，企业认为其他企业名称侵犯本企业名称合法权益的，可以向人民法院起诉，也可以请求涉嫌侵权企业的企业登记机关处理；企业登记机关受理申请后，可以进行调解，或者在规定的时限内作出行政裁决。

在加强企业名称登记的事中事后监管方面，规定明确：

企业登记机关有权对不符合规定的企业名称不予登记或者予以纠正。其他单位或者个人认为已经登记的企业名称不符合规定的，可以请求企业登记机关予以纠正。

利用企业名称实施不正当竞争等行为的，依照有关法律、行政法规的规定处理。

人民法院或者企业登记机关依法认定企业名称应当停止使用的，企业应当在规定的时限内办理变更登记，逾期未办理的，将其列入经营异常名录。

企业名称登记管理规定
QIYE MINGCHENG DENGJI GUANLI GUIDING

经销/新华书店
印刷/北京海纳百川印刷有限公司
开本/850 毫米×1168 毫米　32 开　　印张/0.5　字数/6 千
版次/2021 年 1 月第 1 版　　2021 年 1 月第 1 次印刷

中国法制出版社出版
书号 ISBN 978-7-5216-1591-3　　定价：4.00 元

北京西单横二条 2 号
邮政编码 100031　　传真：010-66031119
网址：http://www.zgfzs.com　　编辑部电话：010-66066621
市场营销部电话：010-66033393　　邮购部电话：010-66033288

（如有印装质量问题，请与本社印务部联系调换。电话：010-66032926）